틈 사이로 피는 빛

끌림 詩人選 010

틈 사이로 피는 빛

신옥재 2시집

시인의 말

어떤 날은 너무 밝아 눈이 부셨고
어떤 날은 너무 어두워 앞이 보이지 않았습니다.
그 모든 날 사이에도 틈은 존재했습니다.

삶의 균열 속에 스며든 한 줄기 빛,
틈은 상처이자 희망이었고
그 빛이 나를 다시 일으켜 세웠습니다.

이 시들은 그런 틈에서 피어난 것들입니다.
흔들리는 존재의 흔적, 남은 기도와
머물러준 사랑의 빛을 따라 써 내려갔습니다.

어느 날 "잘 지내냐"는 문자를 받는다면
그저 "어찌이찌 지낸다"는 말과 함께
노을처럼 담담한 마음을 건네고 싶습니다.

2025년 가을 신옥재

차례

시인의 말 —————————— 005

1부 · 바람으로 기울다

환영幻影 ——————————— 013
바다의 언어 ————————— 014
뽀히 ————————————— 015
호박넝쿨 —————————— 016
노을 ————————————— 017
접시꽃 연가 ————————— 018
하늘에 빠진 개미 똥구멍 ——— 019
물 폭탄 ——————————— 020
수국의 디너쇼 ———————— 021
풋사과의 추억 ———————— 022
꽃의 절규 —————————— 023
여름날의 편지 ———————— 024
시소게임 —————————— 025
풀밭 이야기 ————————— 026
꽃자리 ——————————— 027
가을의 소리 ————————— 028
주홍빛 사랑 ————————— 029
유월의 봄 —————————— 030
세월의 그늘 ————————— 031

2부 · 기억은 늘 틈 사이로

빈들에 피는 꽃 ——— 035
상처가 된 사랑 ——— 036
빈집 ——— 037
벽을 열다 ——— 038
가끔은 ——— 039
빼앗긴 별 ——— 040
떠나는 세월 ——— 041
밥 한번 먹자 ——— 042
틈 사이로 ——— 043
신열 ——— 044
시장풍경 ——— 046
물빛 계절 ——— 048
길잃은 새 한 마리 ——— 049
여름 한낮 ——— 050
늙은 느티나무 ——— 051
내 안의 풍경 ——— 052
비 내리는 기억 ——— 054
풀빛 정원 ——— 055
노을 바다 ——— 056
머무르고 싶은 순간 ——— 057

3부 · 오늘도, 살아낸다

시간의 향기 —————————— 061
끝 사랑 ———————————— 062
동그란 삶 ——————————— 064
꿈의 노래 ——————————— 065
하늘에 누워 —————————— 066
하나 되어 ——————————— 067
목소리 ———————————— 068
기다림의 삶 —————————— 069
배가 부르다 —————————— 070
검은 별이 떨어지는 밤 ————— 072
개여울 ———————————— 073
가을 시상식 —————————— 074
새 인연을 꿈꾸지 않는다 ———— 076
앵두나무 ——————————— 078
석류 ————————————— 079
사랑은 ———————————— 080
무명 배우 ——————————— 082
봄을 타다 ——————————— 084

4부 · 기도는 핏빛 꽃잎처럼

양 떼의 순종 ──────── 087
산딸나무의 기도 ──────── 088
꽃들의 움직임 ──────── 089
특별한 기도 ──────── 090
천국 잔치 ──────── 091
새벽에 나온 달 ──────── 092
숲에 앉아 ──────── 093
생명 ──────── 094
꿈길 ──────── 095
새벽길 ──────── 096
산다는 것은 ──────── 097
들에 핀 백합화 ──────── 098
축복의 숲 ──────── 099
연두색의 꿈 ──────── 100
봄 그림자 ──────── 101
부상 ──────── 102
배롱나무꽃 ──────── 104
가을아 ──────── 106

콩트 밥 한번 먹자 ──────── 107

1부
바람으로 기울다

환영幻影

내 인생의 계획이
지금의 나였을까

푸르던 들길 누렇게 익어가고
세상 풍경은 이렇게 아름다운데

칭얼대는 구름 달래어
늙은 느티나무에 물이 오르면

발뒤꿈치 숨은 붉은 노을
휘어진 가지에
위태로운 그림자 드리운다

그리움을 태우는 환영처럼
세월은 날마다
허상으로 변해가는데

바다의 언어

파도 하얗게 밀려와
하늘을 찌를 듯 솟구치는 두려움
커다란 입 열어 애원해 보지만
움직이지 않는 자물쇠

산발한 머리채 꿈틀거리며
부서진 조각 흩어졌다가
쏜살같이 다시 맞춰진다

처절했던 통로를 따라
은물결 구름 되어 일렁이고
한 폭 수채화에 숨결을 불어 넣는다

투명한 바닷길 열리며
물고기 떼 춤추고
살랑이는 아이들 노랫소리 번진다

뽀히

올챙이와 개구리 사이를 뽀히라고 한다
버들가지 주둥이 내밀며 다가오는데
뽀히는 병풍을 둘러치고 부르르 떨며 피어오른다

하늘을 가득히 소쩍새 울음소리
너에게 닿기를 서성이면서
애끓는 사랑으로 문을 여는 뽀히

북두칠성이 반짝이며 길을 열고
논두렁 아래 앉아 있는 뽀히는

몰래 풀어보고 싶은 옷고름처럼
발효되지 않은 그리움이다

호박넝쿨

돌담 위 도둑고양이
꼬리 흔들며 참새 노리고
호박넝쿨은 손 내밀어
부스스 몸을 턴다

노란 저고리의 호박꽃 여인
비 맞으며 초록을 키우고
반질반질 애호박을 이고
하늘 담장에 손을 뻗는다

두 팔 벌린 잎사귀는
우산이 되어
텅 빈 줄기 따라
빗물을 길어 나른다

넝쿨 사이 별이 빛나고
아이들 웃음은
앞산보다 큰 꿈 되어
푸르게 부푼다

노을

나이테 휘몰아친 저녁 하늘
황홀한 꽃 이불을 깔아 놓고

하룻밤 풋사랑처럼
이별을 안고 살아간다

골짜기 수채화 머리에 이고
남의 집 거실에 몰래 든 붉은 무늬

낯선 풀벌레 소리 높이고
굽은 나무들 사이
껍질들 웅성거리며 파동이 일어난다

기울어가는 붉은 노을
새로운 세계를 피우려
산그림자 뒤편으로 구른다

접시꽃 연가

물오른 꽃대궁 떨리며
별보다 작은 꽃들 모여
세상 소음 위로 깃털처럼 오른다

속울음 삼키며 기다린 세월
태양에 녹아내릴 듯

느티나무 그늘 오려
양산 삼아 접시꽃 머리에 씌우고 싶다

담벼락 껴안고
아스라이 피어난 마지막 사랑
이별의 파동 뒤
흐려진 기억들

너의 그림자 한 줄기
가슴에 스치며 흔들리고
물기둥 번지는
접시꽃 연가

하늘에 빠진 개미 똥구멍

개미 똥구멍이 하늘에 빠진 날
분명 위로 올랐는데
우물 안 파란 하늘이 펼쳐졌다

하얀 담장 뜯어내던
가난한 우리 아버지
땅 한 뼘 남기지 못하고
우물 속 하늘을 물려 주었다

팅팅 불은 개미는
배고파 나뒹굴고
애타는 산새는
먹이 한 알 떨어뜨린다

추억은 토닥토닥
새콤달콤 개미 똥구멍
지혜로운 사랑은
언제나 진주처럼 빛난다

물 폭탄

입안 가득 머금은 바람
주름진 커튼을 흔들다
거세게 땅에 내리꽂힌다

폭포수 쏟아져
세상은 순식간에 잠기고
시커먼 그림자 떨어진 둔치에
불러온 배 움켜쥔 채
노랗게 토악질한다

세모난 혀 날름대며
검은 하늘 머리 위를 맴돌고
손마디에 번쩍이는
별빛 하나, 날이 서 있다

차갑게 식은 눈물의 생채기
푸른 믿음으로 어루만지며
이 시간 싸악 지나면
산 아래, 빨간 열매
알알이 익어가리라

수국의 디너쇼

소중한 몽우리
젖 몸살 앓으며 눈시울 붉어진다

땅에 달라붙은 노란 나비 한 쌍
초록 경기장 맨발로 달리며
오색의 세상 꿈꾼다

눈썹에 물방울 매단 수국
동그란 웃음 쏟아내
향기로운 수채화 꽃다발 만든다

그림자 길게 드리운 초저녁
보랏빛 산비탈 위
수국의 디너쇼 화려하게 펼쳐진다

눈부신 너의 자태
천년의 노래

풋사과의 추억

탱글탱글 초록 사과 같은 소녀
한입 베어 물면
잇새로 스며드는 상큼한 웃음
풋풋한 이야기로 배꼽 잡던 날들

서툰 청춘을 건너며
저녁노을처럼 빨갛게 물들던 마음
언덕을 붉게 채운 장미처럼
사랑을 꿈꾸며 어른이 되고 싶었다

풋사과는 어느새 익어가고
상처를 툭툭 털어낸 자리에
조용히 꽃잎 지듯
첫사랑은 흘러 흘러 멀어졌다

가을빛 열매가 영글 무렵
바람을 신고 달리는 삶의 열차
단비 내리는 길목에서
함께 세운 숲, 황혼처럼 깊어져 간다

꽃의 절규

하얗게 흩어진 꽃잎
시간이 남긴 감정의 파편

조각들은 떨어져 나가
해묵은 신문처럼 구겨진다

당신의 나이테는 말라붙고
변덕스런 하늘빛 머리 위에
파란 우물이 파인다

창가에 남은 햇살
주름진 손등 사이로
아프게 흔들리며
그렁그렁 눈물이 맺힌다

여름날의 편지

느티나무 그늘 잘라
뜨거운 여름에 붙여주고 싶다
울다 지친 매미 소리 멀어지고
시든 꽃잎은
주름진 할머니처럼 주저앉는다

바람마저 길을 잃은 오후
초록 숲에 벗어둔 유리구두 한 짝
춤추던 나비는
인연의 그림자와 조용히 이별한다

하얀 연기 피어오르고
엉킨 풀잎은 뜨겁게 쓰러진다
달궈진 돌 위로
풀벌레의 한숨이 스며든다

여름날의 뜨거운 삶
가슴 태우는 연기 속에
그리움만 차오르고
땅거미 어둠 속으로 흘러만 간다

시소게임

바람에 밀려 떨어진 붉은 잎
시소 끝에 사마귀 하나
구멍 난 소리 움켜쥐고
떠룽떠룽 눈을 굴린다

세찬 빗속 푸른 잎 위에
메뚜기 하나 올라타고
쑥 뽑은 더듬이로
욕망의 불을 지핀다

붉은 도끼눈의 사마귀와
짓이겨진 메뚜기의 광기
두 광인의 시소는
끝을 향해 기우뚱 기운다

밟힌 꽃잎도 햇살에 씻기면
고운 찻잔 속 향기로 스미듯
풀섶을 헤치며
다른 혓바닥이 행진을 시작한다

풀밭 이야기

토도독 토도독
검은 구름 폭죽 터지며
빗방울이 바겐세일을 시작한다

창백한 얼굴
은초롱 빛에 물들어
보석 눈물로 반짝인다

들풀 수런거리는 사이
쑤욱 고개 내밀던 흰 드레스
찔레꽃, 기막힌 여름

금빛 토해내는 노을
출렁다리 흔들며
풀벌레 노래에 들판이 일어나
쑥국 새 울음 메아리쳐 돌아온다

하나둘 깨어난 별
집마다 초록 등 켜지고
밤이슬 발등 적신다

꽃자리

회색 골짜기 둥지에 핀 꽃
언덕 가득 번진 노란 물결
꽃 진 자리에 동그란 씨앗들
바람이 휘파람 불며 출동을 외친다

풀잎 덮인 돌무덤 위
흙 속에 숨 쉬는 씨앗은
숨겨진 보물의 땅
바위틈 물소리 밤새 조잘대고
산비둘기 둥지 틀어 다정히 노래한다

초록 이파리 돋아오르고
인생의 황금기
겸손히 흘러 바다가 된다

꽃은 어디서든 피어나
절박한 소망을
향기로 남긴다

가을의 소리

아롱아롱 안개 깔린 새벽
하늘로 밀려오르던 숨결 위에
초록 눈 뜨는 작은 숲
코스모스 봉오리 살며시 기울고

바람에 흔들리는 갈대는
물빛 수채화로 번지며
발끝에 걸친 신발을
부르르, 떨며 벗는다

구름을 타고 걸어오던 이별
대추 알 포동포동 살 오르는 소리
가을은 촘촘히 햇살을 엮어
하나둘 사잇길로 흘려보내고

발등에 쏟아지는 단풍 비
가슴 시린 사연 위에
말없이 풍선을 띄워
멀어지는 너를 보낸다

주홍빛 사랑

바스러진 고목 끌어안고
불볕에 삼켜지는 시간

푸른 절정에 이르러
주홍 립스틱 문 능소화
아찔하게 타오른다

후두두 빗소리
그리움에 서성이는 세월이여

목 빼고 기다리던 동굴 속 외톨이
능소화의 눈물 되어
핏빛으로 번진다

이슬 내린 안개 피어올라
연기처럼 녹아내린 주홍빛 사랑
하늘을 능가할 꽃
그날을 기다린다

유월의 봄

초록 병풍 두른 골목
담벼락 비집고 오른 붉은 장미
햇살 따라 한 땀씩 수를 놓는다

가시 접어 신던 시절
발톱 빠지도록 춤추며
구름 풍선 바라보다
발레리나를 꿈꾸었다

불 속에 던져진 마른 장작
사그라지는 꽃잎 곁에
입가 잔주름 오글거린다

피를 토하며 쓰러진 무대 위
새로 돋는 꽃망울
들판 구석 신비롭게 피어난
노란 장미

콩닥콩닥 심장 되살리는
유월의 화려한 봄

세월의 그늘

어둠 스멀스멀 덮이며
흰 꼬리 흔드는 물고기 떼
하늘을 야금야금 파먹는다

냇가에 초록 별 떠오르고
노란 신발 갈아신은 초승달
지붕 위 사뿐히 걸어온다

검버섯 피어난 얼굴 만나려
거실 유리창 걸터앉아
똑똑, 안부를 묻는다

돌아보니 허물만 길게 남고
달빛이
별빛이
삶을 휘감아 토닥여 준다

2부
기억은 늘 틈 사이로

빈들에 피는 꽃

값나가는 화분을 사다
정성껏 물을 주었지만
향기를 잃은 채 졸고 있었다

어느 밤, 귀뚜라미 우는
달빛 아래 번쩍 안아
다시는 찾지 말자며 던졌다

그런데 어느 날
향기로 뒤덮인 들판
무지개 꽃다발이 파도처럼 출렁였다

누군가
주인 없이 시든 꽃을
사랑의 손길로 다시 피우고 있었다

상처가 된 사랑

둘이 만나 피어난 꽃
아파도 달콤했던 기억
운명이 아니어도
헤어지기 싫었다

동굴 안 비 내리고
목멘 빗방울 떨어질 때
은행나무 기침에
노란 숨결 후두둑 날렸다

먼 여행 떠난 그대 사랑은
새가 되어 흩날리고
구멍 메운 구름 위로
여린 잎 다시 돋는다

녹음을 베어 먹으며
빈 가지에 매단 날개
바람에 스치고 무뎌진 상처
조금씩 아물어간다

빈집

바람이 구석구석 헤집고
한 보따리 두 보따리 훔쳐 간다
개미는 땅굴 깊숙이
작은 희망을 숨긴다

벌레에게 밟히고 잘린 잡초들
머리채 날리며 바람을 뒤쫓고
껍질만 남은 폐가엔
먼지만 가득, 마음만 타들어 간다

모퉁이에 밀려난 노란 들꽃
빗자루 들고 조용히 일어서자
막힌 담장 틈 햇살 스며
풀린 보따리, 액자 되어 벽에 걸린다

초인종 맑게 울리고
대문 활짝 열리자
다시 살아야 할 불빛
성큼성큼 걸어온다

벽을 열다

세월을 붙잡으면
얼마나 더 아파야 살 수 있을까

어둠 속으로 헤엄쳐 가는 삶은
슬픔의 출발역이다

닫힌 벽을 향해 새들이 돌진하고
하얀 깃털은 기억의 먼지가 되어
수렁 속으로 조용히 가라앉는다

벽에 익숙해 앉아
길을 잃은 세상은 머물며 닳는다

열어라
머물던 자리의 문을 젖히면
틈새로 빛의 통로가 스며든다

빛이 들어오는 곳으로
나아가자

가끔은

이슬 내리는 시간
발자국도 남기지 않고
말없이 떠난 당신

이리저리 흩어진 이야기
얽힌 줄 풀다
툭
끊어진 인연

가끔은
비 내릴 듯한 하늘 아래
고단한 굴참나무
바스락거린다

뒤돌아보면
단풍처럼 흩어진 세월

빼앗긴 별

쇠똥구리
은하수 따라 길을 짓는다
별을 잃으면 길도 잃는다

밤이 온다
가로등 불빛에
밤을 모르는 나무와 곤충들

반딧불이 깜박이는 멍석 위
북두칠성 더듬다

별들이 소나기 되어 쏟아지던 날
왈칵 눈물이 번졌다

그 흐릿한 기억은
왜 다시 나를 건드릴까

떠나는 세월

누가
유리창에 꽃잎을 그려 두었을까

타다 남은 햇살, 어깨를 두드리고
가을 풀린 물결은
단풍 향기 한 접시 담아낸다

종달새 꼬임에 걸린 추억
오솔길 헤치며 담장을 넘어간다

들국화 쌓인 언덕 위
티끌로 흩어지는 세월의 뒤꿈치 소리

애타는 그리움에
옷자락 부여잡는다

밥 한번 먹자

언제
밥 한번 먹자 하더니
새벽 뒷덜미에 꽂히는 예감
이슬방울 무너져 내린다

국화 한 송이 눕혀놓고
부서진 가슴 두드리며
비로소
마주 앉아 밥을 먹는다

촘촘한 거미줄에도
걸리지 못한 바람 되어
도리질 치며
머나먼 길 떠나보낸다

하얗게 흩어진 그리움
목울대에 걸린 세월 다하는 날
그곳 귀퉁이에 앉아
밥 한번 먹자

틈 사이로

그리움 가득 뜰을 서성이다
기억 끝자락에 다정한 목소리 남는다

숨 끊어질 듯한 아픔
핏물 되어 걸어가다
밤하늘 별 따라 떠난 그대

열병 앓고 깨어보니
주먹 같은 눈물 땅에 떨어져
별이 되고
하얀 꽃으로 핀다

틈 사이로 작은 싹
틈 사이로 작은 별
틈 사이로 꽃이 된다

그제야
마음은 고요히 숨을 쉰다

신열

구부러진 어깨
쩍 벌어진 다리

타닥타닥 가래 토하는 장작
붉은 각혈이 하늘로 솟는다

가자
그냥 이대로 가자
쇠 부지깽이 불길을 쑤시며
하나의 목숨이 타들어 간다

왜 아프고 지랄이야
까마득히 잊은 어머니의 노한 목소리
곱지 않은 눈가에
땀방울 흘러내리고
숨통이 트인다

펄펄 끓는 신열
온몸이 불붙을 즈음

〉
아득한 일기장 펼쳐져
사랑의 회초리 들고
설탕 같은 아픔으로 두 팔 벌린
그리운 가슴에 안긴다

물 위로 솟구치듯 숨을 내뿜고
이제는
모든 것을 지우고
다시 써 내려간다

시장풍경

저녁 불빛 반짝이면
목마 탄 아이 손끝에서
웃음꽃이 피어난다
고단한 골목도
잠시 숨을 고른다

신문지 깔고 졸던 할머니
시든 도토리묵 판 위에
시원한 물 한 바가지 쏟고
붉은 손가락을 호호 불며
다시 힘차게 들썩인다

상수리 숲 거닐다
할머니 눈에 띈 도토리 하나
묻히면 참나무 되고 싶었으나
뜨거운 구애 끝에
식탁 위 묵이 되었다

문득 스미는 바람 따라

마당 멍석 위 도토리 까던 기억
그리운 얼굴 폭포수 되어
창문을 적시고
가슴을 적신다

물빛 계절

징검다리 아래 숨은 물소리
산여울 피어나는 마루에 오르니
들꽃 사이 소녀가 서성이고
윤슬 위 망초꽃 하품하며 흔들린다

노을은 금물결로 숨을 멎게 하고
꽃잎 사이 맴돌던 바람은
음표 되어 산그림자에 주저앉아
사랑 노래 조용히 부른다

굴참나무 겨드랑이 간질이며
초록 옷 벗어던진 몸
눈부신 속살로 살 내음 번지고
애타게 들려오는 뻐꾸기 소리

붉어진 얼굴
차마 고개 들지 못한 채
저물녘 햇살 속에
소녀는 여름을 배운다

길잃은 새 한 마리

어디선가 내려와
창문을 두드린다
파란 눈썹에 슬픔 걸치고
덤불 가시에 찔려
너덜거리는 깃털

눈물 한 방울 하늘에 띄우고
스스로 새장 속에 갇히려 한다
거친 숨, 지친 발걸음이
어둠의 감옥을 짓는다

연줄 끊어내고
초라한 액자에 엎드려
헐떡이며 깨어나려 하지만

물 위에 둥둥 떠 있는 송사리처럼
길 잃은 늙은 새
슬픔 녹아내리며 눈 감는다

여름 한낮

고목의 나이테만큼 오래된 골목
삐걱이는 계단을 오르자
시간을 뚫고 나온 그리움이 대롱인다

나이를 삼킨 순간들
저울로 달 수 없는 서러움에
슬픈 가지마다 눈물이 고인다

피어난 줄도 모른 채 살다가
지는 줄도 모른 채
하얗게 흩어진다

텅 빈 나무들 입을 벌리고
주름진 얼굴들이 날아다니는 오후

아직은
추락하지 못한 청춘의
귀여운 허세
바람에 흔들릴지언정
싹둑 잘리지 않기를

늙은 느티나무

마침표 없는 나무에
검은 동굴 불이 켜진다

젖은 어깨를 털며
썩은 뒤꿈치 틈새로
신비한 가지 하나
말없이 싹튼다

흉터 위로 딱지가 내려
사그라져도, 토해내도
잎새 하나 안고
다시 푸르게 흔들린다

늙은 느티나무
쉼 없이 내뱉은
느린 기도 하나

내 안의 풍경

풀어헤친 흰 갈대 머리처럼
살랑살랑 부서져 내리는 노을
세월은 어느새 끝자락에 서 있다

등 돌린 초록 청춘은 떠나고
비에 젖은 나무토막처럼
얼룩진 연기만 파랗게 피어오른다

귀마개, 눈가리개를 쓰고
고개 돌리지 않으려 애쓰지만

어느새 소금기둥이 된 나
젖은 연기 속 풀 내음에 눈물이 난다

언뜻 선물 같은 빨간 불꽃이
한두 번 부르르 일어나지만
동굴에 갇힌 어둠이 홀연히 다가와

지지직 타들어 가는 욕망의 불구덩이 앞을

두툼한 어깨로 가로막는다

바위를 손톱으로 긁어내듯
피맺힌 세월을 부둥켜안는다

비 내리는 기억

깨진 기억 하나
뭉클뭉클 뒤엉키더니
안개 연기 피어오르고
검은빛 번쩍이며 비 내린다

연보라 들판에
아기 잎사귀 끌어안고
풀섶에 기대어 서 있다
어두운 그림자 나무 속으로 스며든다

물방울 톡톡 징검다리 건너
젖은 머리 흔들며 두리번
위태로운 두 발은
정처 없이 흔들린다

비는 내리고 또 내리고
외로움에 절은 푸른 상처
종일 빗속을 헤매다
저 멀리, 기억 하나 던져 버린다

풀빛 정원

푸성귀 춤추며
행복을 요리한다
별이 잠든 새벽부터
햇살 거두는 초저녁까지

밭고랑 틈마다 호미질
정갈히 뿌리내린 육쪽마늘
한 뼘씩 자라
녹차 빛 향기로 익어간다

흰 모시 적삼 바람에 일렁이고
땀 스민 굽은 등
햇살에 꿈틀거린다

땅속 분주한 뿌리 다독이며
자주 꽃 피워낸 수미감자
탱글탱글 줄줄이
꽃길로 익어간다

노을 바다

하늘 구름 타래 풀리고
뒷걸음치던 노을은 수평선에 매달려
핏빛 땀방울을 쏟아낸다

소금기 오른 파도는
물결무늬 바위를 칼질하고
세월 먹은 해송 가지
뼈마저 태운다

깨어진 바위 흐느끼다
갈매기 옷자락 스치면
절벽 끝에 기대어
설레는 눈빛으로 바라본다

물비늘 반짝이며 노을은 멀어지고
바위틈에 핀 이름 없는 들꽃 한 송이
푸근한 잔주름, 어부의 미소 따라
출렁이며 돌아간다

머무르고 싶은 순간

서랍 귀퉁이
멈춘 금빛 시계 하나

손목을 시간에 묶어
흔들리던 웃음은
행복을 연주했다

고장 난 청춘
어디에서 멈추었을까

까만 밤
눈부신 초록 그리움에
머물다 고백하던 시절

저녁놀 속으로 파묻혀
눈물이 번진다

3부
오늘도, 살아낸다

시간의 향기

하루는 누군가에겐
생의 마지막
또 누군가에겐
무너진 삶을 붙잡을 이유

해는 지고 있지만
붉은 노을 아직
꼴딱 넘어가지 않았다

색연필로 칠하다 보면
톡톡 되살아나는
사랑 이야기

시간의 선물 끊어지는 날,
개울가 물안개 부서지고

회색의 나이
마음으로 곱게
세월을 접는다

끝 사랑

생각만 해도
덜컥 눈물이 난다

지친 마음 안고
황혼이라 불리는 노인이 되어간다

눈가 주름 향기 감추려
검은 안경으로 얼굴 가려본다

하나 남은 단풍잎
유난히 붉게 익어가는
늦가을
들녘은 텅 비어간다

하늘의 별 되는 날까지
널 위해 기도하는 어머니가 되리라

잘 살아라
예쁘고 건강한 아가를 낳아라

원하는 일 하고
꿈을 이루어라

세상을
아름다운 눈으로 바라보고
마지막 그날까지
젊은이처럼 늙어가고 싶다

동그란 삶

어항을 뛰쳐나온 물고기처럼
이리저리 몸을 날린다

땀방울 송송 흘러내리고
비틀거린 세월에 고개 숙인다

흔들리고 아프다
하루 한 번 지는 노을,
익숙하다 믿었지만
그 시간은 여전히 절망을 부른다

돌고 도는 동그란 삶,
까맣게 잊은 친구가
어깨를 툭 치며 나타난다

더는 노을의 슬픔에 머물지 말자
꽃을 보는 아침,
내일이 되고
꽃의 미소는
오늘을 희망으로 채운다

꿈의 노래

버티던 인생
잠시 멈추어 본다

마른 잎새 매달려
그렁그렁 눈물로
한 박자 쉼표를 그리며
사랑 노래 불러준다

깊은 산골 물소리처럼
윤슬의 울림을 닮은
노래를 부르고 싶다

가뭄에 타들어 가는
옥수수밭이랑 적신다면
그 얼마나 달콤할까

잘 익은 노란 옥수수 같은 목소리,
한 끼의 정다운 식탁이 되어
황홀한 궁전 속
저녁노을이 되고 싶다

하늘에 누워

별빛 바람 흘러내리다
천천히 붉은 달빛을 만나
한 줄 시가 되다

여름밤 수놓는 은하수
그리움의 눈물 강가

거문고자리 직녀성
독수리자리 견우성
빛으로 서로를 부른다

이별의 시작은 사랑
온 세상에 뿌려진 빗줄기
일 년에 한 번
만남을 꿈꾸는 별들의 이야기

잠들지 못한 별 하나
가슴에 절절히 새겨지고,
마르지 않는 사랑은
당신 두 손에 반짝인다

하나 되어

산 위에 비 내리면
그대 젖은 머리칼 냄새가
코끝을 스친다

오늘은 더욱 외로워
함께였던 날의
슬픈 마음을 불러낸다

떡갈나무 아래
눈물 머금던 이별
목마른 생각으로 뜨겁게 남아

시간이 오면
서로 다른 곳, 다른 사람 되어
그날을 다시 그려본다

쓸쓸한 시간을 잠재우고
같은 하늘, 같은 별세며
숱한 기억 위에 머물고 싶다

목소리

새들이 돌아온다
노란 향기 한 모금 물고
검은 구멍 속을 오가며
가지에 공기 방울을 매달린다

햇살이 익어가는 낙엽 다발
빙그르르 하늘을 돌며
소망의 시간을 담는 그릇
삶의 절정을 이룬다

천년을 버티듯 서 있다가
다시 절망에 돌아서도
내 손에 반짝이는 광채
사랑이라는 선물로 다가온다

새들의 무대 열리고
그분의 목소리가 들린다

나는 어제의 내가 아니다
눈부신 풍경
아름다운 그림이 된다

기다림의 삶

동그랗게 떨어진 단풍잎
가슴 찢기듯 날다
창틀에 걸려 말라간다

푸드덕 새가 날개 치지만
하얀 날개 보이지 않고
차가운 바닥에 떨어지지 않으려
창문을 두드린다

갈색 갑옷 두른 도마뱀
불타는 노을 속 뛰어들다
허우적거리며
꼬리를 잘라 도망친다

남은 몸통은 느릿느릿
또 다른 꼬리를 기다린다
언젠가 돋아날
희망의 꼬리를 만들기를

배가 부르다

시계 초침 따라
노란 열매 속으로 파고드는 까치들
바람 소리는 연두 들판을 사냥하며
숨을 죽인다

배가 부르다
발성 연습 끝낸 까치들 하늘로 오르고
잡새들 이차로 몰려든다

아가 새들의 화음
성적은 엉망이지만
작은 숲은 콘서트장이 되어
환호성 터진다

구멍 난 열매 향기 퍼지고
낙엽은 왈츠 추고
입장료 없는 도둑고양이
두 팔 벌려 지휘한다

흉터를 덮을 행복을 찾아
오늘도
나는 배가 부르다

검은 별이 떨어지는 밤

빨간 노을은
이부자리 노랗게 깔아 놓는다

갈색 바람 숭숭 검은 별이 떨어진다
나무 구멍 안에 잔잔히 울리는 풍금 소리

세상 무거운 나의 노래는
하얀 폐 속으로 물결을 친다

황혼의 까만 밤이 빗물 되어 흐르고
암흑을 빛내는 번개 꽃 한 송이

네버랜드의 요정들이 왈츠를 춘다
이 근사한 세상

휘어진 가지에 연분홍 봉우리 터져버리니
마른 장작개비가 호흡을 내기 시작했다

큰일이 났다
초록의 꿈이 쿵쾅거린다

개여울

인생의 수레바퀴 아래
맑은 물소리 강도처럼 찾아든다

성급한 밤송이 오솔길에 굴러떨어지고
바람의 문 열리자
하늘 향기가 세상을 덮는다

기도의 땀방울 모여
개여울 되어
목마른 영혼을 숨 쉬게 한다

물비늘 위에 누워
가을이 영글어가는 축복을 기다린다

이제
나의 날개를
조용히 내려놓는다

가을 시상식

풀벌레 소리 가득한 시그니처
향긋한 쌀 내음 번진 논두렁
가을 발자국 따라
고추잠자리 하늘가 맴돈다

노랗게 익어가는 은총
벼 이삭 사이 메뚜기떼
후드득 날아오르고

빨간 원피스 단풍 여인
가을 속으로 걸어 들어간다

물빛 여름과 작별하고
사각사각 음표를 빚는다

기다림의 한 소절 한 소절
춤추는 오곡 위에
가랑잎 휘파람 화음을 얹는다

빛으로 물든 가을 여인
초록 여울 벗어던지고
삶의 전율 다 흘려보내며
가을의 피날레로 막을 내린다

새 인연을 꿈꾸지 않는다

이 남자와 나는
무슨 인연일까
좋아도 싫어도 아닌 듯하다

눈만 봐도 설레던 시절
잠들기 전 전화를 기다리던 밤
계란찜 하나로도 가득 차던 식탁은
이제 잘려 나가
허공에 흩날린다

세월의 나이테는 깊어지고
흰머리 늘어 황혼에 기우는데
이 남자는 언제나 반대로 걷는다

나도 그렇다
둘은 늘 그 자리에 있으나
마음은 닫힌 집에 살고
서로 다른 척 지나간다

이 사랑은 버겁다
그러나 어렵게 붙든 행복
세상은 그렇게 갑갑히 돌아간다

한없는 욕심의 인연
노을은 날마다
저편 하늘로 사라진다

앵두나무

깨진 돌담 사이
이슬 머금은 앵두나무
하얀 꽃 서랍 속에
사연이 산다

흰 나비 둘, 사랑을 나누다
뾰족 잎새에 찔려
송이송이 눈물
땅 위로 흘린다

흙 묻은 신발 벗겨지고
꽃 대롱 맨발로 길을 나선다

소곤소곤 손을 잡은 요정들
영차영차 빨간 구두 지어 준다

꽃잎 진 자리마다
빨간 앵두 아가씨
연주를 시작한다

석류

거울을 본다
수십 년 넘게 마주한 얼굴

시든 잎처럼 구겨진 표정
이토록 천천히 들여다본 적 없었다

터질 듯 붉던 석류
알알이 익으며 눈부셨던 웃음

앵 도라진 알갱이 흩어져
후회의 벽에 길을 막고

말라붙은 황금 껍질은
거울 밖의 무너진 나

동그란 석류알 눈빛 속
호젓이 흐르는 그리움의 시간

사랑은

툭 건드리면
언제나 설렌다

그대를 만나
찰나에 빠져
운명의 실타래에
마음 한 올 걸어두었다

오래된 가구 틈새처럼
뿌리 뽑힌 시간의 슬픔

자갈밭 구르는 가슴 다독이며
짜디짠 눈썹에
미소를 얹는다

사랑은 언제나
버겁다

머리맡에 밀어둔 사과

먹지 못해 꼭지 까맣게 타들어 가도

그래도
사랑은
참 좋다

무명 배우

연습 없는 탄생
대본 없는 무대

좁은 세상은
양식 당한 광어처럼
작은 무덤들이 똬리를 튼다

알 길 없는 인생
눈먼 순간마다
주어진 시간을 모른 채 연기한다

주연은 아니어도
나만의 무대에서
약속의 땅 노래하며
광야 사십 년을 벗어나려 열연한다

배역은 늘어나
자녀
친구

연인
부모
할머니

그리고 마지막 배역은
기억 상실

봄을 타다

야윈 가지마다 금이 그은 듯
수액 맞은 새싹들이 실눈을 뜨고
노란 덧니 드러내는 산수유

고양이 하품 매달린 오후
커피 향의 그림자 번져
그리움 한 잔 내어놓는다

분홍빛 수채화
스케치북에 젖어 든 기억의 조각들

실어증 같은 침묵
그즈음
쿵쿵대던 마음을 숨기고 싶었다

4부
기도는 핏빛 꽃잎처럼

양 떼의 순종

하나님의 양 떼들
우주에 머물러 있다

그 이동은
자기 뜻이 아닌 순종이다

엉엉 울며
비가 되어 내려오면
산마다 꽃이 피어난다

하루의 향기 속에서
영혼은 보랏빛으로 물들고

눈시울엔 감동이 설레며
물이 변해 포도주 되는
기도의 기적이 이루어진다

산딸나무의 기도

뜰 안에 선 산딸나무
빨간 열매로 립스틱 바르고

나비 머릿결 흩날리며
작은 새 가족 단장을 돕는다

가지를 내어주고 잎새 흔들며
마음껏 먹으라 보따리 담아주고

그리움 가득 채워
언제든 안아주는 품

욕망의 어제는 가고,
맑은 수액으로 돌고 돌아
영혼은 맑아진다

행복한 하루의 혈관이 흐르면
가난한 마음으로 기도한다

꽃들의 움직임

사랑의 계단
한층 한층 쌓아 올리며
꽃 피우기 위해
조용히 순종해 나간다

혼란한 세상 숲
볼 빨간 노을이 걸어오고
물빛 하늘 위
그분의 목소리 평안을 준다

애끓는 사랑
핏빛 꽃잎 되어 흘린 눈물방울
꽃들의 움직임은 곧 기도다

그분의 향기에
가슴이 설렌다

특별한 기도
– 좋은교회 고 조인철 목사님 1주기를 기리며

기쁨은 사랑으로 함께 기도하고
슬픔은 샛별 질 때까지 희망을 기도하며

들풀과 꽃잎처럼
진흙 속에서도 숨 쉬며 감사하던 바보

두쪽 폐가 닳아 없어져도
오직 꽃의 행복만을 기도하던 바보

무지개로 피어나
하나님 사랑만을 속삭이던 바보

그 바보는 이제
하늘나라에 앉아
웃으며, 잘 다녀오라 기도한다

눈물 나도록 아름다운 세상
그 밝은 바보의 빛
나에게도, 당신에게도 비추어 온다

천국 잔치

다윗이 바지 내린 줄도 모른 채
하나님 앞에서 춤추었다 하기에
부끄러움 속에서
새로운 흥을 피운다

민망한 마음 감추려
검은 선글라스
양 갈래머리 땋아
빨갛게 익은 소망을 안고
덩실 춤춘다

구름에 숨어 있던 별도 내려와
선물 같은 오늘
당신을 만났다

꽃들의 기도에 귀 기울이고
꽃들의 주머니에 사랑 가득 담아
마침내
천국 잔치가 열린다

새벽에 나온 달

하늘에 은혜의 달 열린다 하여
사부작사부작 기도 길에 나선다

감나무 꼭대기
위태롭게 걸린 하얀 유리구두 한 짝
그리움 안은 달빛
찡한 눈물로 웅크린다

공허한 삶에 쫓기다
벗겨진 구두 흘리고
시간 속 숨어버린 신데렐라
목마른 마음으로 그분을 기다린다

멀고 먼 길 달려오신 하나님
눈물의 기도 속 신데렐라 거친 발에
꼭 맞는 유리구두 신겨 주시고

하늘 문 여시어
빛나는 삶을 인도하신다

숲에 앉아

곧게 뻗은 삼나무 숲
모든 지체가 하나 된다

바람에 실려 흐르는
새들의 노래는 눈물이 되고

나뭇잎 사이로 스며든 구름은
가슴의 땀을 식히며
숨 고른 뒤 문을 연다

본능으로 살아온 날들
푸른 생명 던져
소망을 띄운다

마침내
하늘을 향한
샘물의 기도에 닿는다

생명

이상기온 우주를 떠돌며
흰머리 풀어헤친 풀씨 하나
늙은 송홧가루 함정에
헛발 디뎌 빠져든다

부실한 몸뚱이
물기 먹은 거미줄에 툭 떨어져
멍울진 목울음
캄캄한 머리 채로 잠긴다

길을 찾는 애절한 기도
하늘에서 내려온 지팡이
건너지 못할 구렁텅이에
긴 날개를 펼친다

후후, 불어 넣는 숨결
흙덩이가 살아 움직이고
새로운 생명 하나
빛 속에 태어난다

꿈길

먼지구름 뒤집어쓴 트럭
훌쩍 올라타던 시절
구불구불 경로를 이탈하며
애간장 태우며 꿈을 좇았다

적금보다 두터이 쌓인 피로
길 끝이 어딘지 몰라도
나루터 하나는 만나야 한다

물 위 걸어오는 그분
망설임 없이
그 길을 따라야 한다

구원의 통로를 건너
그분의 숨결, 그분의 향기
마침내 달콤한 열매로
맺혀야 한다

새벽길

하나의 문이 닫히면
다른 문이 열린다

닫힌 문 앞
두려움에 주저앉은 새벽
슬픔은 먼지처럼 깔려 있었다

꿈도 사랑도 끝이었는데
그제야 보였다

또 하나의 문
그 문을 여시는 하나님
모든 두려움이 사라진다

열린 문 너머
그분의 손길
다른 세상의 등불이 켜진다

산골 물소리처럼 맑게
성스러운 찬양은
하늘로 오른다

산다는 것은

결혼은 도전이라 했던가

그가 나를 물건처럼 여겨도
무인격의 그림자에 두어도
나는 인격으로 만나길 기도한다

빈 주먹에 사랑을 쥐고
그 사랑에 향기를
향기 위에 소망을 입힌다

산다는 것은
하늘의 별을 따는 일이 아니라
믿음의 약속을 이어가는 일

모든 순간을 아끼고 섬기며
빈틈없이 채운 사랑으로
날마다 감동을 빚어
설레는 시간을 세워 간다

들에 핀 백합화

빨갛게 물든 노을 속
두 손 맞잡은 그림자
가파른 언덕을 천천히 오른다

들꽃들은 작은 불빛 되어 깜빡이고
단풍 한 잎 베어 문 초승달
개울 징검다리 아래서 흔들린다

흐린 달빛에 젖은 들꽃
가시덤불 사이 구름처럼 번지며
샤론의 백합 향기 되어
나에게 떨리듯 다가온다

그 길 끝에서
하나님의 사랑 꽃을 만난다

축복의 숲

문틈 사이로
불행은 불쑥 뒤통수를 치고
행복은 불시에 심장을 울린다

사랑과 미움이 한 몸인 것을
굳이 갈라 세우지 말고
조용히 씨앗을 심어야 한다

고통과 어려움 위에
기다림과 감사가 쌓이고 쌓여
마침내 축복의 숲이 된다

새벽의 문을 열면
영원한 기쁨의 시간이
우리를 초대한다

연두색의 꿈

나뭇가지 사이
바이올린 선율처럼
초승달 떠오른다

햇살을 구걸하던 들꽃
징검다리 아래 물수제비로
슬픈 추억 툭툭 흘려버린다

물소리에 묻힌 개구리 노래
들판을 달리며
남은 날들을 세어본다

개울가 하얀 섬
오리 두 마리 입맞춤하고
풀잎들 수런수런 걸어오자
놀란 다람쥐 후드득 달아난다

풀 향기 스친 들바람
밤하늘에 사다리 걸어 올린다

봄 그림자

밤새 빗소리 발자국
벌거벗은 나무들이 키를 재고 있다

앞니 빠진 돌담 틈새
바람 젖은 잎새는
봄 그림자 찾다
얼얼한 볼 움켜쥐고 웅크린다

눈물 한 알 굴러
기억의 저편에서
초록 꿈, 분홍 길을 더듬는다

못 견디게 고운 하늘,
아지랑이 방울방울
어지러이 솟아오른다

부상

터진 머리 구름에 감고
찔레 가시에 눕자
개미 다리 부상이 발생하고

붉은 피 흘린 장미 넝쿨
훌쩍 울타리 넘어
허파 떼인 듯
왈칵 눈물로 헐떡인다

흙 속 애벌레
끝이라 내려놓을 때
살그머니 다가온 봄 만나
노랑나비 되어 솟구친다

찔레꽃 위 앉아
사랑 노래 불러주고
꿀 발라 개미 다리 고쳐주며
둘러앉아 붉은 장미 넝쿨에
인사 건넨다

〉
봄 햇살 떠난 자리에
초록 여름 꽃다발 안고
오동나무 평상 위
조용히 눕는다

배롱나무꽃

개망초 아래
소나기 한줄기 지나간 뒤
주름진 끝자락 꽃송이 흔들린다

뾰족한 잎 손가락
비밀번호 누르듯 풀피리 불고

박자 잃은 어린 새
붉은 지휘봉 흔들리며 바람에 휘청인다

백 일 동안
눈부신 붉은 꽃 위에 머물며
흩날린 머릿결 쓸어 넘기고

가슴에 쌓인 하늘 소리
우르르 무너져 떨어진다

서성대던 그리움 붉게 물들어
나비 날개 같은 영혼 드러내고

〉
푸른 여름 여미며
폭풍에도 타오르는
꽃봉오리
석 달 열흘 불을 밝힌다

가을아

나뭇가지 매달려
그네 타던 매미 소리
숨바꼭질하다
땅속으로 숨어든다

뜨겁던 여름 사랑은
구불구불 뒤안길로 사라지고
기다림은 살그머니
설렘으로 바뀐다

흙 속 꿈들 열매 되어 솟고
가을 향기 푸른 물결 배웅하며
단풍 그림 논배미에 번져간다

아직은 아기 도토리
까까머리 밤톨들
서둘러 나들이 나가고 싶어

까치발 세워
햇살 따라 목 빼며
기웃거린다

—
콩트
—

밥 한번 먹자

세상은 절망을 품은 희망이다.

세월이 흐르며 옛 풍경과 흔적은 자취를 감추고 신세계가 펼쳐지고 있지만, 개인의 삶과 시대의 아픔과 상처를 통해 우리는 지독한 애증을 만난다.

우리 집은 대가댁 종손도 아니고, 산골 마을의 평범한 서민이었다.

가정을 꾸린다는 건 아이를 낳는다는 뜻이기도 하다. 조강지처와 함께 행복한 가정을 이루는 일, 그것이 평범한 서민들의 꿈이었다. 우리는 "서로 사랑하고 아이를 낳고" 무덤 위에서 사랑하며, 그 사랑 때문에 새로운 생명이 잉태되고 또 그렇게 죽어간다.

"챙, 챙, 챙, 챙!"

탱자나무 담 옆으로 동네 사람들이 숨을 죽여 구경한다. 하얀 고깔모자를 쓴 무당이 사탕을 입에 물고 새 옷을 달라며 징징 울기 시작했다.

우리 집은 고지식하시기로 유명한 학자이신 아버지가 계셨고, 사랑방에 아이들을 모아 한자를 가르치는 서당이었다.

아버지는 사랑채에서 붓글씨를 쓰시고, 담장 밖으로 책 읽는 소리가 흘러 나갔다. 어머니는 그런 아버지를 남몰래 연모하다가, 첫 번째 부인이 연약하여 아이를 낳다 돌아가시자 매파를 넣어 열일곱에 열 살이나 많은 아버지께 시집왔다. 언문도 읽지 못하던 어머니는 아버지께 글을 배우고 줄줄이 아이를 낳아 아들 다섯, 딸 다섯, 십 남매를 두었다.

학자이신 아버지는 양반 체면에 농사일을 못 하셨고, 어머니가 머슴을 부리며 살림을 꾸려가셨다. 아버지를 향한 어머니의 마음은 사랑과 존경, 지극정성이었다. 자녀들이 혼인하여 손자 손녀가 태어났지만, 장손 며느리만 몇 해가 지나도록 소식이 없었다. 그리하여 아버지 출타하신 틈을 타, 어머니는 며느리와 굿판을 벌인 것이다.

굿이 절정으로 치닫자 두 손 모아 아기를 점지해 달라 빌던 며느리가 갑자기 옷을 벗기 시작했다. 누가 말릴 새도 없이 속옷도 벗어 던진 며느리는 소리치며 춤을 추었다.

"나는 내 아들을 낳을 것이야! 우리 서방님은 등신이 아녀!"

"암, 아니고말고! 우릴 깔보지 말어!"

무당도 동네 사람들도 놀라 진땀을 빼고 있을 때, "이게 뭣들 하는 짓이여?" 이웃 마을에 출타했던 아버지가 그 꼴을 보고 대문 옆 싸리 빗자루를 들어 어머니와 무당을 후려치기 시작했다. 그날 밤 어머니와 며느리는 집에서 쫓겨나 남의 집 문간방에서 숨어 지내야 했다.

얼마 후 며느리는 대전 성모병원에 입원했다. 자꾸 헛소리를 지껄이기 시작했기 때문이다.

나는 이 집의 열 번째, 막내딸이다. 어머니와 큰올케가 무당 손을 잡고 아버지 몰래 산기도 다니던 때, 삼신할머니의 실수로 아기가 올케 뱃속이 아닌 시어머니의 뱃속으로 가서 내가 태어났단다. 쉰이 다 되어 나를 낳은 어머니는 동네 창피하다며 윗목에 밀쳐놓았고, 나는 동네 아주머니들 동냥젖을 먹고 무럭무럭 자랐다. 그 뒤로도 십 년 넘게 어머니와 올케의 기도는 끊이지 않았고, 올케는 끝내 정신을 놓았다. 어머니는 큰아들과 농사를 지어야 했기에, 아홉 살인 내가 올케의 병실을 지켰다.

올케의 병실은 늘 사람들로 가득했다. 간호할 필요도 없었다. 올케가 휘파람을 획 불면 다른 병실 사람들까지 몰려와 입을 바라보며 진지하게 앉았다.

"언니 남편 바람나서 논 다섯 마지기 날려 먹었구먼? 아직 정신 못 차렸어."

"오라버니는 친구 보증 서서 집구석 망했네."

하루 두 번씩, 올케에게는 신이 내려와 이상한 소리를 했다.

일 년쯤 병원 치료를 마치고 퇴원한 며느리를 아버지는 분가시키고 삼천리 연필 공장을 차려주셨다. 그 시대 아니 지금도 자본주의 사회는 어린 아가씨들의 허영심에 불을 지피고, 눈에 보이는 수상함을 맹목적으로 이용했다.

어느 날, 잔업을 끝내고 숙직실에 잠깐 누운 큰아들에게 기숙사 아가씨가 들어왔다.

"사장님, 사모님이 아기를 못 낳으신다면서요? 제가 아들 하나 낳아 들일게요."

그날 밤, 장남은 열아홉 살 처녀의 유혹을 뿌리치지 못했다.

두 달 후 그 처녀는 올케를 찾아와 안방을 차지하려 했다. 달려온 어머니는 방을 얻어놓고 그 처녀를 시중들며 열 달 공을 들였고, 마침내 아들이 태어났다. 올케는 남편에게 절대 첩은 들이지 않고, 아기는 본인이 거두겠다는 확답을 받아냈다. 조강지처는 버릴 수 없다는 사장님의 냉정함에, 그 처녀는 아기를 낳고 논 다섯 마지기 값을 받고 떠났다.

2년 뒤 올케네 방에는 또 한 명의 아들이 웃고 있었다. 조카가 둘. 자세한 소문은 듣지 못했지만, 그 아이 역시 우리 오라버니 자식임이 분명했다. 아버지와 어머니는 남은 논 다섯 마지기를 다 팔아 손자를 데려왔다.

후에 아버지가 돌아가시고, 어머니와 둘이 살던 어느 날 오라버니가 와서 밀담을 나누더니 나머지 땅과 집을 팔아

합가했다. 내가 고등학교 2학년이었다. 나는 늘 오라버니가 어려웠다. 사업을 하고 가끔 집에 오면 조카들만 안아주고, 나와는 눈인사도 없었다. 나는 객식구였다. 며느리 대신 나를 낳아버린 어머니도 여전히 나를 귀찮아했고, 오직 손자 둘만 챙기셨다. 그 집에서 며느리와 시어머니는 정다웠고, 행복이 넘쳤다.

어느 여름, 두 조카를 데리고 슈퍼에서 아이스크림을 사먹고 오는데, 큰놈이 또 사달라 칭얼거려 한 대 때렸더니 어떤 여자가 달려와 "애를 왜 때리냐"며 조카를 안고 소리쳤다. 내가 조카를 업고 "누구냐"고 소리치니 "애 울리지 말라"고만 했다. 그대로 집으로 와 올케에게 전하니, 대문을 박차고 나갔지만 아무도 만나지 못하고 돌아왔다. 얼마 후 들은 이야기로, 그 아가씨가 어느 택시 기사에게 시집갔다 했다.

사월 어느 봄날, 올케는 친정에서 한 여인을 데려왔다. 윤씨 가문의 딸이라는데 약간 어눌하고 모자란 듯했다. 올케는 그 집에 되돌려보내지 않겠다는 각서를 써주고 데려왔다. 지금도 난 이해할 수 없다. 밤에 오라버니와 올케의 말다툼이 있었지만, 이후 가타부타 없이 그 여인은 우리 집 식구가 되었다. 놀라운 일은, 그토록 다시 데려다주라던 그 여인에게서 딸이 태어났다는 것. 딸이 초등학교에 들어갈 즈음, 그 여인은 남자 하나를 데려와 오라버니에게 뺨을 맞았다. 동네 아주머니가 "왜 이러고 사느냐"라며 꾀어 홀아비를 만나게 했고, 정분이 난 것이다. 이튿날 여자는 집을 나갔다.

갑자기 엄마가 사라지자, 여자 조카는 불안해 나랑 함께 잠들곤 했다. 할머니인 어머니가 이유 없이 조카도, 나도 미워했기 때문이다. 조카가 5학년이 되어 "엄마를 찾아가고 싶다" 했다. 나는 남자를 소개한 동네 아주머니를 찾아가 애원해 조카를 데리고 옥천 어딘가 산다는 조카 엄마를 찾아갔지만, 이미 건널목에서 차 사고로 죽었다 했다. 둘이 손을 잡고 돌아오는 버스에서, 저 멀리 강굽이가 길게만 느껴졌다. 그 일은 누구에게도 말하지 못했고, 삼십 년이 지나 조카도, 나도 아이를 낳고 가끔 서로 안부만 묻는다.

금이야 옥이야 키운 두 조카도 성인이 되어 집을 떠났다. 어머니는 효자·효부와 잘 지내셨다. 십 남매 모두 각자 가정을 이루고 때때로 친정에 가 어머니와 올케를 만나 옛이야기를 꽃피웠다. 환갑을 넘어서도 시어머니를 봉양하고 두 아들을 큰소리 한 번 내지 않고 사랑으로 기르며 남편을 깍듯이 모신 올케의 일생은, 효부상·아내상·어머니상을 받아 마땅했다. 우리 집에서 딸들은 '덤으로 큰' 존재였다. 어머니를 떠올리면 눈물이 나지 않아도, '올케는 참 착했다'는 말은 꼭 하게 된다.

내가 결혼해 아이를 낳았을 때, 올케는 우리 집에 와 보름을 산후조리 해주었다. 친정어머니보다 더 살뜰했고, 기뻐하는 얼굴이 죄송하고 고마웠다. 아기를 목욕시키고 재운 뒤, 나는 정말 궁금해 물었다.

"언니는 왜 이 집안을 못 떠나고 살았어요? 오라버니가 그렇게 좋아요? 여기저기서 애는 낳아 오고…."

조용히 웃던 올케가 아이 손을 어루만지며 나를 보았다.

"우리 막내 아가씨가 궁금했구나."

한숨을 쉬고 입을 열었다.

"몇 년 동안 애를 못 낳아 애를 태우다 친정에 갔더니, 친정어머니가 꼭 안고 그러셨어. '어찌 되었든 혼례하고 시집 갔으니, 지아비를 끝까지 섬기고 등 뒤로 나오거라. 아들을 못 낳는 건 칠거지악이니, 그 집에서 쫓아내지 않으면 죽은 듯이 살다가 등을 땅에 대고 나오너라.' 하시고는 뒤돌아 앉아 우시더라."

그 뒤로 올케는 친정에 가지 못하고 시어머니 손을 잡고 여기저기 기도를 다녔다. 동네 사람들이 "서방이 애를 못 낳는 거 아니냐" 수군거릴 때, 그보다 분한 게 없었다고 했다. 그래서 남편이 아들을 낳아 들여와도 '서방님이 남자구실을 하니, 내가 병신 소리 듣고 말지' 싶어 기뻤다고. 나는 어이가 없었다.

"그럼, 그 집 여자는 왜 언니가 데려왔어요?"

"알 만한 집안이니 밖에서 자손 보지 말고, 안에서 보자고… 그 애는 좀 모자라 시집도 못 가니 불쌍해서."

누가 누구를 불쌍하다 하는지 어이없었지만, 조용히 고백하는 올케를 멍하니 바라볼 수밖에 없었다.

마지막으로 올케는 덧붙였다.

"막내 아가씨, 어머니 너무 원망하지 마. 늙은 몸에 젖이 없어 동냥젖은 못 얻어 먹이겠다고, 장날 염소 두 마리 사서 매일 염소젖 먹여서 아가씨 키 이렇게 잘 큰 거야. 그러니 어머니께 잘해. 나도 어머니 은인이라, 돌아가실 때까지 같이 잘 모실게."

내가 살던 산골의 물소리처럼, 올케의 목소리는 위안과 환희가 되어 메마른 정신의 밭고랑을 적셨다. 그날 밤 우리 둘은 대못처럼 박힌 아픔을 예쁜 꽃으로 피워냈다.

구순 넘긴 어머니만 평안히 마감하시길 기도했는데, 엉뚱하게도 올케가 뇌졸중으로 쓰러졌다는 소식이 왔다. 어쩔 수 없이 어머니를 경로당에 모시고 병원에 갔더니 반신불수 판정. 누워 있는 올케를 보며 마음 아파하는데, 나이든 아주머니가 간병한다며 인사했다. 예사롭지 않은 눈빛이 마음에 들지 않았다. 몇 달 뒤 알게 된 사실은 오라버니가 사교댄스하러 다니다 알게 된 사람이었다.

입퇴원을 반복하며 그 아주머니는 집과 병원을 보호자로 드나들며 스며들었다. 친정에 가 보니 그 아주머니가 살림하고, 올케 간호하며 안주인 노릇을 하고 있었다. 어머니는 올케를 안고 그 아주머니를 향해 험한 욕을 퍼부었다.

"저년이 내 며느리를 죽이려고 약도 안 먹이고… 요망한 년이야!"

어머니는 경로당도 가지 않고 밥도 약도 스스로 챙기며 의심했다. 그래도 오라버니는 그 아주머니를 상주케 했다. 우리는 어쩌지 못했다. 올케는 눈물로 어머니 손을 꼭 잡았다. 예전에 두 시간마다 야쿠르트를 쟁반에 올려 어머니께 드리던 올케였는데, 이제는 어머니가 두 시간마다 올케를 챙겼다.

성모병원에서 전화가 왔다.

"막내야, 올케 산소호흡기 떼야 하는데… 어머니 모셔가라. 삼우제 지내고 모시러 갈게."

어머니는 막내인 내 집으로 오셨다. 한 많은 올케는 귀하게 키운 두 아들 손을 잡고 눈을 감았다.

장을 치르고 오라버니 집에 갔다. 안방에 간병인 아주머니가 드러누워 환호의 발차기를 하고 있었다. 어머니께 살살 여쭈니, 안방 바닥에 올케가 자고, 오라버니와 그 아주머니가 한방에서 잤다고 했다. 어느 새벽, 눈이 벌게진 올케가 기어 나와 어머니를 찾아 병원에 실려 갔다고.

"그년이 죽였어. 약도 감추고…."

어머니는 분해 어쩔 줄 몰랐다.

"오라버니 신고할까?"

"아녀. 느그 오래비는 아무것도 몰러."

아들 사랑은 예나 지금이나 같았다.

어머니 생일이 세 번 지나고 명절이 몇 번 지나도, 오라버니 전화는 없었다. 어머니께 약간의 치매가 오자, 내가 전화를 걸었다.

"나만 자식이냐?"

두 마디 뒤, 전화는 끊겼다.

어느 날, 어머니는 "왜 여기 있느냐, 금쪽같은 내 새끼한테 가야 한다"며 애원하셨다. 전화받지 않는 오라버니에게 문자를 남기고, 어머니를 모시고 갔다. 대문이 잠겨 있어 담을 넘어 어머니 방으로 들어갔다. 침대에 누운 어머니가 손을 내저었다.

"나는 여기서 죽을란다."

이십 일 후, 어머니는 오라버니 품에 안겨 돌아가셨다.

어머니를 보내고 오라버니 집에 갔더니, 간병인 아주머니가 거실에 누워 TV를 보며 키득거렸다. 마당에 나와 하늘을 올려다보며, 올케와 어머니의 해후를 생각했다. 헤아릴 수 없는 꿈 같은 세월을 마감한 두 분을 마음으로 배웅했다.

어머니가 떠난 뒤, 우리 형제들은 연락을 끊고 살았다. 어디 사는지 몰랐다. 간혹 손주 결혼식이나 장례식에서 스치듯 만나도, 따뜻한 말 한마디 없이 지나갔다. 오라버니가 인사하고 싶어 내게 오면, 나는 슬그머니 눈길을 피했다. 언젠가 내 옆에서 "막내야, 언제 밥 한번 먹자." 했지만, 나는 그 자리를 벗어났다.

어스름한 새벽, 전화가 왔다.

"고모, 아버지 돌아가셨어요."

암과 치매가 함께 왔다 했다. 우리 형제는 다시 모였다. 그리고 말없이 밥을 먹었다.

언제
밥 한번 먹자 하더니
새벽 뒷덜미에 꽂히는 예감
이슬방울 무너져 내린다

국화 한 송이 눕혀놓고
부서진 가슴 두드리며
비로소
마주 앉아 밥을 먹는다

촘촘한 거미줄에도
걸리지 못한 바람 되어
도리질 치며
머나먼 길 떠나보낸다

하얗게 흩어진 그리움
목울대에 걸린 세월 다하는 날
그곳 귀퉁이에 앉아
밥 한번 먹자

겨울이 지나야 봄이 오고 고통 없이 얻을 수 있는 행복은 없다. 죽는다는 것은 세상을 떠나는 완벽한 순간이다.

끌림 詩人選 010

틈 사이로 피는 빛

2025년 10월 15일 초판 1쇄

지은이   신옥재
펴낸이   김영태
펴낸곳   도서출판 끌림
책임편집 김한결

출판등록 제2022-000036호
주소   대전광역시 서구 대덕대로 325, 스타게이트빌딩 471호
전화   0502-0001-0159
팩스   0503-8379-0159
전자우편 kkeullimpub@gmail.com

공급처   한국출판협동조합
전화   02-716-5616
팩스   02-716-2999

ISBN 979-11-93305-24-9 (03810)

값 12,000원

ⓒ신옥재 2025

* 이 책은 저작권법에 따라 보호를 받는 저작물이므로 무단 전제와 복제를 금합니다.
* 잘못 제작된 책은 바꾸어 드립니다.